INAUGURATION

DES PORTRAITS

DE SON EXCELLENCE

M. LE GARDE DES SCEAUX ABBATUCCI

ET DE MONSIEUR

LE PREMIER PRÉSIDENT Cte COLONNA D'ISTRIA.

COUR IMPÉRIALE DE BASTIA.

AUDIENCE SOLENNELLE DE RENTRÉE

ET

INAUGURATION

DANS UNE DES SALLES DU PALAIS DE JUSTICE DE BASTIA

DES PORTRAITS

DE M. ABBATUCCI

Ancien Garde des Sceaux

ET

DE M. LE Cte COLONNA D'ISTRIA

Ancien Premier Président de la Cour

SOUS LA PRÉSIDENCE DE M. GERMANES

Premier Président
Officier de la Légion d'Honneur,

M. BÉCOT

Officier du même Ordre
ÉTANT
Procureur Général.

3 Novembre 1866.

BASTIA,
DE L'IMPRIMERIE FABIANI.

1866.

INAUGURATION
DES PORTRAITS

DE SON EXCELLENCE

M. LE GARDE DES SCEAUX ABBATUCCI

ET DE MONSIEUR

LE PREMIER PRÉSIDENT Cte COLONNA D'ISTRIA.

Le trois du mois de novembre mil huit cent soixante six, à onze heures du matin ;

La Cour Impériale de Bastia s'est réunie au Palais de justice, à Bastia, dans la salle de l'EMPEREUR, en assemblée générale et en robe rouge, sur la convocation de M. GERMANES, Premier Président, à l'effet de procéder,

1° A l'inauguration, fixée à ce jour

par délibération du 14 août dernier, des portraits de M. Abbatucci, ancien Garde des Sceaux et de M. le Comte Colonna d'Istria, ancien Premier Président honoraire de cette Cour impériale, autorisée par décrets du 7 juillet 1866;

2° A la reprise solennelle de ses travaux pour l'année judiciaire 1866-1867.

Étaient présents :

MM. Germanes, O. ✻, *Premier Président;* Stefanini ✻, *Président;* Poli ✻, Levie ✻, de Gafforj ✻, Gregorj ✻, Suzzoni ✻, de Montera ✻, Cte Colonna d'Istria, Fabrizj ✻, Roux, Peraldi ✻, Arrighi, Benoist-d'Etiveaud et de Casabianca, *Conseillers;*

MM. Bécot, O. ✻, *Procureur général;* X. de Casabianca ✻, *Premier Avocat général;* de Montera, *Avocat général;* Lota, *Substitut;*

MM. Bettolacce, *Greffier en chef;* Guasco, Canavaggio et Soliva, *Commis-greffiers.*

Étaient absents :

MM. Jourdan ❄, *Président;* Andrau-Moral ❄, Poggi, Stephanopoli et Belgodere de Bagnaja ❄, *Conseillers.*

La Cour s'est d'abord rendue, selon l'usage, et escortée par ses huissiers, dans l'une des salles du Palais qui avait été disposée pour servir de chapelle, et y a assisté à une messe du Saint-Esprit.

Après la messe, la Cour s'est réunie de nouveau dans la salle de l'Empereur.

A midi précis, la Cour s'est rendue, précédée de ses huissiers, dans la grande salle de ses audiences solennelles, où étaient réunies les autorités constituées et les membres des divers corps et des diverses administrations publiques de la ville, qui avaient été invités à cette double solennité.

Les autorités occupaient les places et le rang qui leur sont assignés par le décret du 24 messidor an XII, sur les préséances.

L'ordre des avocats et les avoués près la Cour étaient également présents.

La séance ayant été ouverte, M. le Premier Président a donné la parole au Ministère public.

M. le Procureur général s'est levé et a requis qu'il plût à la Cour,

1° Ordonner que lecture serait donnée par le Greffier en chef des décrets en date du 7 juillet 1866, par lesquels la Cour Impériale de céans est autorisée à placer les portraits de M. ABBATUCCI, ancien Garde des Sceaux, dans la salle de ses audiences solennelles, et celui de M. LE COMTE COLONNA d'ISTRIA, ancien Premier Président honoraire de cette même Cour, dans une de ses salles d'audience;

2° Déclarer que les décrets sus-visés ont reçu leur exécution.

La Cour adhérant à ces réquisitions, sur l'invitation de M. le Premier Président, le Greffier en chef, debout et découvert, a donné lecture des décrets susdits, lesquels sont ainsi conçus :

« NAPOLÉON, par la grâce de Dieu et » la volonté nationale, Empereur des » Français,

» A tous présents et à venir salut.

» Vu la délibération de la Cour Impé- » riale de Bastia, en date des 14 no- » vembre, 8 décembre 1864 et 28 » février 1866,

» Vu l'ordonnance du 10 juillet 1816,

» Sur la proposition de notre Garde » des Sceaux, Ministre Secrétaire d'État » au département de la Justice et des » Cultes, et de notre Ministre Secrétaire » d'État au département de l'Intérieur.

» Avons décrété et décrétons ce qui » suit :

» Art. 1er. — La Cour Impériale de » Bastia est autorisée à placer dans la » salle de ses audiences solennelles, le

» portrait de M. Abbatucci, ancien » Garde des Sceaux, Ministre de la » Justice.

» Art. 2. — Notre Garde des Sceaux, » Ministre Secrétaire d'État au dépar- » tement de la Justice et des Cultes, et » notre Ministre Secrétaire d'État au » département de l'Intérieur, sont char- » gés de l'exécution du présent décret.

» Fait au Palais des Tuileries, le sept » juillet mil huit cent soixante-six.

» Signé : NAPOLÉON.

» Par l'Empereur :

» *Le Garde des Sceaux, Ministre de la*
» *Justice et des Cultes,*

» Signé : BAROCHE.

» *Le Ministre de l'Intérieur,*

» Signé : LA VALETTE.

» Pour ampliation :

» *Le Conseiller d'État Secrétaire général,*

» Signé : LENORMANT. »

« Napoléon, par la grâce de Dieu et
» la volonté nationale, Empereur des
» Français,

» A tous présents et à venir salut :

» Vu les délibérations de la Cour
» Impériale de Bastia en date des 8
» décembre 1864 et 28 avril 1866;

» Vu l'article 78 du décret du 6 juil-
» let 1810;

» Sur le rapport de notre Garde des
» Sceaux, Ministre Secrétaire d'État au
» département de la Justice et des
» Cultes,

» Notre Conseil d'État entendu,

» Avons décrété et décrétons ce qui
» suit :

» Art. 1er. — La Cour Impériale de
» Bastia est autorisée à placer dans une
» de ses salles d'audience, le portrait
» de M. le Comte Colonna d'Istria
» (Ignace-Alexandre), ancien Premier
» Président honoraire de ladite Cour ;

» Article 2. — Notre Garde des
» Sceaux, Ministre Secrétaire d'État au
» département de la Justice et des
» Cultes, est chargé de l'exécution du
» présent décret.

» Fait au Palais des Tuileries, le sept
» juillet mil huit cent soixante-six.

» Signé : NAPOLÉON.

Par l'Empereur :

» *Le Garde des Sceaux, Ministre de la*
» *Justice et des Cultes,*

» Signé : BAROCHE.

Pour ampliation :

» *Le Conseiller d'Etat, Secrétaire général,*

» Signé : LENORMANT. »

La Cour donne acte de la lecture qui vient d'être faite des décrets du 7 juillet 1866,

De même suite,

Déclare que les portraits de M. ABBATUCCI, ancien Garde des Sceaux, et de

M. le Comte COLONNA D'ISTRIA, ancien Premier Président honoraire de la Cour Impériale de Bastia, ayant été placés dans une des salles du Palais de Justice, lesdits décrets ont reçu leur exécution.

Après quoi, M. le Premier Président, assis et couvert, a prononcé le discours suivant :

MESSIEURS,

C'est une grande et féconde pensée, que celle dont la Cour fait aujourd'hui l'heureuse application.

Lorsque le plus étonnant génie des temps passés accepta la mission de rétablir sur ses bases ébranlées l'ordre social, qui, à cette époque, n'était plus qu'un amas de sanglantes ruines, il s'occupa, tout d'abord, de réorganiser la magistrature, sans laquelle il ne peut y avoir ni ordre, ni société.

Mais, pour cela, il lui fallut créer presque

tous les matériaux de l'édifice auquel, dans la sagesse de ses prévisions, il assignait un rôle si important.

Les anciens corps de justice, dont quelques-uns jetèrent un vif éclat, et qui exercèrent une influence, diversement appréciée, mais incontestable, sur les destinées de la monarchie, avaient disparu avec elle, et ce ne fut pas sans peine qu'on vint à bout d'en rassembler quelques débris, précieuses épaves échappées au naufrage de nos vieilles institutions.

Pour rendre la magistrature nouvelle digne de lui et de l'œuvre de régénération que Dieu confiait à ses puissantes mains, Napoléon Ier l'investit d'attributions éminentes, et se plut à lui donner tout le relief dont elle était alors susceptible.

Vous le savez, Messieurs :

Au-dessus des Juges de Paix, dont le titre indique suffisamment le ministère spécial et préventif, les tribunaux de première instance mettent fin à la plupart des difficultés que n'a point aplanies la pression persuasive et familière du magistrat conciliateur.

Au-dessus encore, des compagnies, considérables par l'expérience et le nombre, confirment ou réforment souverainement les décisions de ces tribunaux inférieurs, qui leur ont été soumises par la voie de l'appel.

Enfin, au sommet!!! la Cour de Cassation, vrai sénat de jurisconsultes émérites, suprême rendez-vous des maîtres de la science et des vétérans de l'ordre judiciaire, que désigne toujours d'avance une vie d'étude et de succès, a pour mission de maintenir, dans l'interprétation des lois, l'autorité des principes et l'unité doctrinale.

Ne négligeons pas de mentionner ici une grande et salutaire innovation, conséquence logique des idées les plus généreuses de la révolution qui venait de s'accomplir, empruntée, d'ailleurs, aux sources les plus pures du cœur humain :

Désormais, pour atteindre à toutes les parties de l'ensemble majestueux que nous venons de décrire en peu de mots, pour être nommé à chacun de ces emplois, qui, tous, peuvent satisfaire une ambition raisonnable, la principale, l'essentielle condition, c'est le talent uni à la vertu.

Vous voyez déjà combien cette transformation des corps de justice, dont les membres sont choisis d'après ce récent système d'égalité, favorise et la fidélité aux devoirs de la morale éternelle et le développement des facultés de l'esprit par le travail.

Je ne vous parlerai pas des prérogatives honorifiques, dont la loi environne les magistrats, dans l'exercice de leurs fonctions; elles ont leur prix, sans doute; mais valent-elles ces respectueux égards, dont leur personne est généralement l'objet, et qui sont d'autant plus significatifs qu'on ne les accorde guère qu'à celui qui ne les recherche pas?

Toutefois, Messieurs, ces priviléges, ces avantages, cet espoir de conquérir, avec le temps, les grades les plus élevés, ne suffisaient qu'au plus grand nombre; et le coup d'œil, si pénétrant et si sûr de l'Empereur, comprit bientôt qu'aux âmes d'élite, aux cœurs d'une plus noble nature, aux esprits d'une trempe plus délicate et d'une plus haute portée, il fallait des perspectives plus éthérées, de plus radieux horizons.

C'est alors que, comme dernier gage de son exquise sollicitude, il ordonna (art. 78 de la loi du 6 juillet 1810) « Que les portraits des magistrats des Cours impériales qui se seraient » illustrés par un profond savoir, — par une » pratique constante des devoirs de leur état, — » par des actes notables de courage et de dévouement, pussent être placés dans une des

» salles d'audience, en vertu d'un décret rendu » trois ans après leur mort. »

Quel prix, Messieurs, quel prix offert aux émulations et aux aspirations de la magistrature!

Qui ne se consacrerait à ce redoutable sacerdoce, avec toute la chaleur d'une âme éprise de ce qui est beau et honnête !

Qui n'en accepterait, avec bonheur, les obligations les plus pénibles, lorsqu'au bout apparaît une si belle récompense !

Et remarquez-le, je vous prie, ce n'est pas uniquement à ceux qui ont gravi les hauteurs de l'échelle hiérarchique que cette récompense est destinée.

Nous en avons la preuve en ce jour :

De nos deux honorables devanciers, dont vous contemplez ici les images, si l'un marcha, près de quarante ans, à votre tête, comme Procureur Général ou comme Premier Président, l'autre n'occupa, au milieu de vous, qu'un simple fauteuil de Conseiller.

Assurément, personne ne niera qu'en ce qui touche M. Abbatucci, la valeur politique du ministre et du député ne soit entrée pour quelque chose dans l'appréciation des qualités et des services du magistrat; mais, s'il n'eût pas été déjà un des membres les plus distingués de cette

Cour, si, à Bastia, il n'eût pas fait pressentir ce que bientôt après il devait être sur un autre théâtre, aurions-nous pu réclamer pour lui les dispositions rémunératrices de la loi?

Que nul, pourtant, ne se fasse illusion! Plus cette ovation est capable d'exciter une noble envie dans tous les cœurs, plus rarement elle devra se produire.

L'auréole dont elle entoure le magistrat perdrait bientôt de son attrait et de sa splendeur, si on se laissait aller à trop de condescendance, même en faveur de qui semblerait y avoir quelques droits.

Pour l'obtenir, il ne faut pas seulement du savoir et de l'énergie, du courage et de l'intégrité. Il faut encore que ces qualités réunies aient longtemps brillé au sein de la même Cour, sans défaillance aucune; ou bien, qu'elles aient répandu en tous lieux un éclat qui défie toute comparaison.

Il faut le retentissement prolongé, ou le rayonnement lointain d'une incontestable réputation de talents et de vertus.

Il faut que cette réputation ait acquis une autorité et un prestige, qui élèvent le magistrat bien au-dessus de cette ligne à laquelle arrivent toujours les hommes de conviction et de labeur.

Il faut que ces talents lui aient ouvert, comme à M. Abbatucci, la porte de toutes les assemblées politiques, et lui aient valu l'insigne faveur de siéger jusque dans les conseils du Monarque.

Il faut que ces vertus, après avoir subi, comme chez M. Colonna, la double épreuve du temps, et des exigences, si dangereuses, de la parenté et des partis, aient enfanté un de ces actes d'indépendance et de patriotisme, auxquels le pays ne peut refuser son témoignage spontané et ses unanimes éloges.

Dans ces conditions exclusives, dont la rigueur ne rebutera néanmoins aucun vrai magistrat, la loi de 1810 conservera ce cachet d'immortelle distinction que le premier des Napoléon a voulu y attacher.

On assure qu'elle n'a pas été appliquée jusqu'à présent ;

S'il en est ainsi, combien ne devons-nous pas nous enorgueillir qu'une couronne, qui n'a été encore décernée à aucun des magistrats dont s'honore la France, vienne, par la volonté expresse de l'Empereur, décorer le front de deux enfants de notre pays, de deux membres de notre Cour !

Ce serait ici le lieu d'énumérer, en détail, les titres de MM. Abbatucci et Colonna à cette flatteuse manifestation de la reconnaissance publique;

Je devrais m'étendre sur leur dévouement éprouvé à la France, sur leur fidèle attachement à la Famille Auguste dont notre île a été le berceau, sur cette connaissance approfondie des lois, cette habitude des affaires et cette maturité de jugement qui les distinguaient l'un et l'autre;

J'aimerais à vous entretenir du caractère fort et persévérant de M. Abbatucci, que faisaient mieux ressortir son obligeance et son affabilité naturelles, la finesse de son esprit et le charme sympathique de sa parole; — des divers travaux qui appelèrent successivement sur lui l'attention; — de l'ascendant qu'il exerça dans le monde parlementaire, et sur tous les hommes d'État de l'époque;

J'aurais tenu, aussi, à vous retracer l'élévation des sentiments de M. Colonna, — ses manières, où l'urbanité et la grâce du gentilhomme s'alliaient si naturellement à la dignité du fonctionnaire qui se sent à l'aise, et comme chez lui, sous la pourpre et l'hermine de sa toge, — la considération dont il jouissait partout, — et l'involontaire prépondérance de ses avis, dans vos délibérations intérieures.

Mais, quelque attrayante que soit cette tâche, je la cède à un autre.

Nous ne pouvions ni la partager, ni la remplir tous deux; et puis, la comparaison eût été trop périlleuse pour moi.

M. le Procureur Général ne devait pas se condamner au silence, dans une solennité qui glorifie la mémoire d'un de ses prédécesseurs, et d'un ancien Garde des Sceaux, c'est-à-dire qui intéresse la Corse, la France et la Magistrature entière.

C'est donc lui, c'est sa voix, plus éloquente et plus autorisée que la mienne, qui vous rappellera tout à l'heure, les traits principaux qui signalent MM. Abbatucci et Colonna à l'admiration de la postérité.

Moi, j'ai dû me borner à ces simples et courtes explications.

Cependant, Messieurs, avant de terminer, laissez-moi m'applaudir de la part que j'ai prise aux démarches, dont le succès réalise le plus constant, le plus légitime de nos vœux.

Je me félicite, surtout, que la lenteur habituelle des rouages administratifs ait fait place, cette fois, à un mode plus rapide d'examen et de décision, qui me permet de présider à cette fête de famille, si pleine d'émotions et d'enseignements.

C'est qu'il y a des noms, je le comprends, qui, d'eux-mêmes, s'imposent aux rémunérations officielles, comme à la gratitude du pays.

Il y a des illustrations si universellement proclamées, des existences qui échappent si notoirement aux formules ordinaires de l'approbation et de la louange, qu'il n'est pas besoin d'enquête pour constater ce qu'elles sont et ce qui leur est dû ;

Ici, l'enthousiasme instinctif de la Corse et l'opinion éclairée de toute la France, le répétaient assez haut.

Et, d'ailleurs, n'était-ce rien que votre suffrage, et l'accent convaincu avec lequel vous en avez renouvelé, à plusieurs reprises, l'expression?

Messieurs,

Remercions Son Excellence le Garde des Sceaux, d'avoir accueilli notre demande, avec une faveur marquée, et d'avoir mis, à l'appuyer auprès des grands pouvoirs de l'Empire, l'empressement d'un loyal caractère, l'autorité de son mérite et de sa position.

Il est trop bon juge, en fait de vertus et de talents, pour ne pas avoir senti tout ce que valaient MM. Abbatucci et Colonna.

Il est trop riche lui-même de renommée et d'honneurs, pour avoir hésité un instant à leur offrir la palme réservée aux grands hommes de la magistrature française.

Déposons le tribut de notre humble et vive reconnaissance aux pieds de Sa Majesté, notre bien-aimé Souverain.

Son cœur a compris le nôtre ; et c'est parce qu'il s'est associé à nos impressions, qu'il a daigné nous accorder une grâce, sans précédent peut-être aux annales des Cours.

Et, dans quel moment, Messieurs!

Alors qu'il était en proie aux plus graves préoccupations politiques; alors qu'il méditait, nuit et jour, sur ce terrible problème, dont la solution, attendue de lui seul, devait allumer la guerre ou maintenir la paix dans le monde.

Dès le premier jour, il avait jugé M. Abbatucci.

Il appréciait son âme, vouée au culte d'une sage liberté; il tenait un compte sérieux des services par lui rendus à la cause nationale et à la Dynastie Napoléonienne, que M. Abbatucci ne séparait pas dans ses affections.

Nous pardonnera-t-on d'ajouter, que l'Empereur avait rencontré chez son Garde des Sceaux, plus et mieux qu'un Conseiller de la couronne habile et dévoué. — Il s'en est souvenu.

Sans doute, il connaissait moins M. Colonna: Mais, comment n'aurait-il pas été ému, au spectacle de la vie de cet homme de bien, de cette carrière toute magistrale, qui, commencée à vingt-trois ans, se continue, activement, ou à titre honoraire, jusqu'aux dernières heures d'une verte et admirable vieillesse, presque sans interruption, sur les deux siéges supérieurs de la même Compagnie, et pendant laquelle, M. Colonna a occupé, avec un zèle égal et une égale distinction, deux postes si difficiles et si différents?

N'a-t-il pas dû le prendre, d'ailleurs, en singulière estime, rien qu'à voir la Cour de Bastia le placer à côté de M. Abbatucci, les confondre dans un même élan d'admiration affectueuse, et solliciter pour eux le même triomphe?

Grâce à la bienveillance de Sa Majesté et de son Gouvernement, pour tout ce qui tient à notre pays, nous possédons, Messieurs, deux superbes toiles qui sont, en même temps, deux pages d'histoire contemporaine, deux souvenirs de gloire pour la Corse.

Dus au même pinceau, au pinceau d'un artiste, né à Bastia, de qui le nom nous est doublement cher, — et célèbre déjà — parmi les gens de goût de la société parisienne, — ces portraits, — je puis dire, ces tableaux, — dont l'un fut une inspiration de la piété filiale, l'autre un hommage à l'oubli du passé, et à la situation nouvelle de M. Abbatucci, ces tableaux vont devenir un ornement de plus pour notre palais.

Donc, Messieurs, soyons reconnaissants, heureux et fiers de l'apothéose à laquelle nous assistons.

Et, chaque fois que nos regards s'élèveront vers ces figures aimées et vénérées; — chaque fois que nos cœurs tressailliront à l'aspect de ces illustres compatriotes, dont les leçons et les exemples ont si puissamment contribué à notre réputation judiciaire, — n'oublions pas que c'est en marchant sur leurs glorieuses traces, en nous efforçant d'imiter leurs talents et leurs vertus, que nous parviendrons à obtenir, comme eux, le respect et l'amour des populations, et, — ce qui est bien préférable à ces signes extérieurs souvent équivoques, — la satisfaction du devoir accompli, qui ne trompe jamais.

Après ce discours, M. le Premier Président a donné la parole à M. le Procureur général ; ce magistrat s'étant levé s'est exprimé en ces termes :

Monsieur le Premier Président,

Messieurs,

Pour remplir comme il conviendrait la mission d'entretenir la Cour de S. Exc. M. le Garde des Sceaux Abbatucci, les rôles ici seraient mieux attribués, si l'un de vous nous racontait cette belle vie, dont je ne serais que le respectueux auditeur. Je me rappellerai du moins que vous connaissez mieux que moi celui dont je vais vous parler. C'est avec joie d'ailleurs que vous accueillerez ce que j'ai à dire, car vous savez combien cet illustre Ministre aimait la magistrature corse. Les diverses juridictions du ressort ont éprouvé sa bienveillance, et tous les collègues du parquet qui m'entourent dans ce moment en ont particulièrement ressenti les précieux effets. Mais cette bienveillance, Messieurs, on peut en être fier, ce n'était pas de la faveur, et s'il était bienséant de parler de soi, j'en donnerais cette humble preuve que, sans avoir pu m'honorer d'une attache quelconque avec M. le Garde des Sceaux Abbatucci, sans l'avoir même jamais vu, j'ai été redevable de quatre nominations à sa sollicitude pour les plus obscurs services. Vous trouverez donc naturel, Messieurs, que je me dise heureux aujourd'hui de payer à sa mémoire la dette des autres et la mienne. Je ne vois personne ici pour qui la reconnaissance soit un fardeau gênant à porter.

Abbatucci (Jacques-Pierre-Charles) était né à Zicavo le 14 septembre 1792.

Comme tous les personnages civils qui ont marqué dans nos révolutions contemporaines, il eut à soutenir, sa vie durant, la lutte ardue et sans fin renouvelée, de l'intelligence contre d'autres intelligences, de la conviction et de la volonté contre d'autres volontés et d'autres convictions. Par son origine et par l'éducation de son enfance, il fut averti de préparer son âme au combat. Le premier spectacle qui frappa ses yeux fut la hideuse image de la guerre civile. Une nuit que sa mère seule, assistée d'une vieille servante, veillait sur son berceau, leur maison est attaquée par une bande armée :

la courageuse mère répond aux assaillants par des coups de fusil, elle résiste victorieusement jusqu'au moment où cette demeure, bâtie de blocs de granit en prévision de pareils assauts, est minée à la poudre dans ses fondements, incendiée dans sa toiture, et menace de s'écrouler en un monceau de ruines. Les deux femmes alors se résignent à abandonner ces murs ravagés, en emportant l'enfant. Celui-ci recevait cependant au foyer domestique les leçons de plus nobles guerres. Son grand père, le général de division Jacques-Pierre Abbatucci, tantôt le berçait joyeusement sur ses genoux au récit de ses campagnes, tantôt le pressait avec angoisse sur son cœur, lorsque de funèbres nouvelles lui arrivaient des armées. Ce vieux guerrier, en effet, comptait trois fils sous les drapeaux, qui tous furent moissonnés par le feu en quelques années : Charles qui tomba au pont d'Huningue, général à 24 ans; Antoine qui périt en Égypte, chef de bataillon à 22 ans; Séverin qui fut frappé au siége de Toulon, lieutenant à 18 ans. Et si l'on venait à faire alors, dans cette maison désolée et glorifiée de Zicavo, le rappel des absents, les survivants pouvaient répondre comme chez La Tour d'Auvergne: « Morts au champ d'honneur. »

Telle était cette famille au tempérament héroïque d'où sortait M. le Garde des Sceaux Abbatucci.

Au milieu de ces traditions intimes, sa vocation devait être naturellement guerrière. Elle reçut cependant une autre direction par la volonté de son père, le seul qui n'eût pas embrassé le parti des armes, quoiqu'il ait parcouru, lui aussi, une carrière pleine d'activité et de périls. Successivement juge, agent diplomatique, consul général, il reçut mainte fois de la confiance de Napoléon et de ses frères, dans la familiarité desquels sa jeunesse s'était écoulée, des missions importantes en Corse, en Hollande, en Illyrie. Mais son fils était le dernier rejeton de la famille; il fallait, sous peine de la voir s'éteindre, le soustraire aux dangers d'une profession trop meurtrière.

Ne regrettons pas que M. Abbatucci ait été détourné du métier des armes. Pour y trouver l'emploi de ses facultés et de son énergie, il était né vingt ans trop tard. La génération des hommes militaires de la Corse, venue à propos, l'avait précédé : c'était son oncle Charles, dont le général Foy, dans les bras duquel il avait rendu le dernier soupir, disait que « dans un temps fécond en beaux talents et en grands caractères, il n'avait pas connu d'homme plus remarquable et qui promît davantage à la France; » c'était Luce de Casabianca, ce précurseur de Bisson, qui fit sauter son vaisseau à Aboukir; c'était son parent, le sénateur Raphaël de Casabianca, qui s'illustra par la défense de Calvi contre Nelson; c'était le général Fiorella, le héros de Castiglione; le général Cervoni, qui périt à la bataille d'Eckmühl; c'était ce Saliceti, ministre du roi Joseph à Naples qui, au dire de Napoléon, valait cent mille hommes dans un moment de crise; c'était Arrighi de Casanova, le futur duc de Padoue, qui reçut à vingt ans ses premières blessures en Égypte, le modèle de la fidélité, mort comme il méritait de mourir, gouverneur des Invalides; c'était d'Ornano, le troisième maréchal de France de sa race, et comme son compatriote de Padoue, mort aussi gouverneur des Invalides; c'était Sebastiani, autre maréchal, qui réunit la triple renommée du guerrier, du diplomate et de l'orateur.

Cette moisson de héros s'était levée en Corse, en même temps que les frères Bonaparte, pour les guerres de la République et de l'Empire. M. le Garde des Sceaux Abbatucci appartenait par son âge à l'ère de la paix, pour laquelle cette île eut aussi son éclosion d'hommes éminents, que nous voyons aujourd'hui appelés par la confiance de l'Empereur aux plus hauts emplois, soit qu'ils siégent dans ses Conseils ou dans les grandes magistratures de l'État, soit qu'ils représentent la politique du Souverain au dehors, soit qu'ils entourent sa personne auguste d'un dévouement qui s'était affirmé dans les jours d'épreuves avant de refléter l'éclat du triomphe. L'un d'eux a récemment succombé après de longues souffrances que dominait son courage. Il comptait parmi vous, Messieurs, des parents et des amis contristés de sa perte. La Corse entière s'associe à leur douleur, car jamais aucun de ses fils n'eut pour elle une main plus généreuse, un cœur plus aimant.

C'était donc pour prendre un jour son rang glorieux dans cette phalange de la paix, que le jeune Abbatucci se préparait aux fonctions civiles. A défaut des armes, il choisit la magistrature. Il y avait bien quelque analogie entre les deux carrières. On dit souvent que la Justice tient un glaive comme la Guerre. Dans ce ressort, en 1816, elle avait même parfois plus besoin de montrer son glaive que sa balance. C'est alors que M. Abbatucci fut nommé, à 24 ans, chef du Parquet de Sartene. Trois ans après, il arriva comme Conseiller à la Cour royale de Bastia. Il y fut bientôt rejoint par

M. Troplong qui lui avait succédé à Sartene. Rencontre singulière, Messieurs, qui rapprochait dans votre île et associait dans ce siége même ces deux rares esprits, à leurs débuts! L'attraction qu'ils exercèrent l'un sur l'autre cimenta entre eux une amitié qui fut constante.

M. Troplong, comme membre du parquet, concluait devant son collègue assis; mais il n'était pas homme à accepter, sans le juger à son tour, l'arrêt, s'il pouvait s'en rencontrer, qui n'adoptait pas ses conclusions. J'imagine que parfois le conseiller et l'avocat général, reprenant ensemble la question débattue à l'audience, aimaient à promener leurs savantes controverses, tantôt près des bords de la mer, modérément agitée comme la liberté qui sied aux discussions du parquet; tantôt sous les ombrages de quelque vallée, dont le calme est l'image de la méditation des magistrats inamovibles. Commerce profitable des deux parts, entre ces intelligences qui avaient des rapports sans être semblables. M. Troplong jetait alors, dans le recueillement du génie, les bases de ce monument qui lui assure, dans la science du droit, une gloire indépendante du grand rôle que les événements lui réservaient plus tard. M. Abbatucci, dont l'activité de la pensée avait le besoin de se produire, mêlait à ses travaux juridiques des études littéraires, il cultivait la poésie dans sa forme la plus lyrique, l'Ode, et manifestait ses talents oratoires par des éloges funèbres qu'il prononçait sur la tombe de ses collègues. Plusieurs d'entre vous, Messieurs, se souviennent d'avoir entendu et applaudi ces deux magistrats, auxquels dans la suite leurs destinées, d'accord avec la nature propre de leurs mérites, ont assigné la position qui paraissait le mieux convenir : l'un, au sommet de la magistrature, en a dirigé l'action et administré le personnel; l'autre, par une attribution unique jusqu'à lui, préside à la fois la première compagnie judiciaire et le premier corps politique de l'empire. Leur vie d'ailleurs a ce trait commun, qu'elle a été uniforme : magistrats au début de leur carrière, portés par leur supériorité de degré en degré au faîte de la magistrature, ils restent essentiellement, aux yeux de leurs contemporains ou dans leur mémoire, comme deux grandes figures magistrales.

Pour M. Abbatucci, il conserva de 1819 à 1830 ses fonctions de conseiller à la Cour royale de Bastia; la révolution de juillet le nomma Président de Chambre à la Cour d'Orléans; en 1848, il fut appelé à la Cour de Paris comme

Conseiller, et tôt après à la Cour de Cassation : il prit sa retraite en 1849, après 33 ans de services.

Durant cette longue période de vie judiciaire, il mit en relief, par des applications journalières, la qualité maîtresse qui le distinguait, je veux dire un parfait accord entre l'esprit et le caractère; qualité dont le magistrat a besoin de faire usage dans chaque acte de ses fonctions : s'il manque par l'esprit, inutilement trouvera-t-il dans son caractère la fermeté nécessaire pour être juste; si c'est le caractère qui fléchit, en vain son esprit lui montrera-t-il les voies de la justice qu'il n'aura pas la force de suivre.

Cette précieuse harmonie entre l'esprit et le caractère n'est certes pas moins indispensable à ceux qui, dans l'administration active des affaires publiques, sont incessamment mêlés aux passions et aux intérêts des hommes : s'ils en sont dépourvus, jouets d'une sorte d'équilibre instable, ils ne peuvent fixer les oscillations de leurs idées et de leurs volontés discordantes, dans ce centre de gravité moral où réside la pleine possession de soi-même.

Se posséder soi-même ! c'est, sans doute, la grande vertu dans toutes les conditions de la vie, c'est surtout la vertu des hommes d'État.

M. Abbatucci en donna de nouvelles et plus éclatantes preuves, lorsqu'il aborda la carrière politique. Elle lui fut ouverte par les électeurs du Loiret, qui le nommèrent député en 1839, et qui le réélurent depuis, jusqu'au jour où il résigna son mandat législatif, en entrant au ministère, en 1852.

Ainsi, pendant treize ans, il assista dans les Chambres, au milieu des péripéties de trois ou quatre gouvernements renversés l'un sur l'autre, aux évolutions du champ de manœuvres parlementaires le plus accidenté de l'histoire moderne. On peut dire qu'il était admirablement doué pour le jeu savant et compliqué des assemblées publiques. Il possédait à un degré éminent le talent politique, qui est une aptitude à part; qui ne résulte pas toujours d'un profond savoir, ni même à une longue expérience et à une grande capacité intellectuelle; mais qui suppose toujours, comme base fondamentale, un sens exquis de l'à-propos et de la mesure, en toute chose; qui exige l'association de facultés diverses et la bonne économie de ces facultés; qui commande, selon le cas, une persévérance opiniâtre ou de la flexibilité, la modération dans l'ardeur et l'activité dans la circonspection, la réflexion qui sait prévoir l'événement ou cet instinct divinatoire qui, quand il le faut, discerne spontanément le conseil à donner, la détermination à prendre; en un mot, une exacte pondération encore entre l'esprit et le caractère, telle que M. Abbatucci en offrait l'exemple ou plutôt le modèle.

Dans toutes les assemblées législatives où il siégea, il ne cessa d'être entouré d'une estime universelle, qui s'adressait en même temps à sa loyauté et à sa clairvoyance, car il était de ces hommes assez honnêtes pour ne vouloir jamais tromper personne et assez prudents pour ne permettre à personne de les tromper. La ligne invariable de ses opinions imposait d'ailleurs ce respect. Il n'y eut, dans sa vie publique, je ne dirai pas aucun excès, mais aucun accès, aucune déviation, même momentanée et légère. Il se montra constamment libéral; et comme ce mot ne dit pas assez, car qui ne croit être libéral à sa manière? j'ajouterai qu'il fut libéral comme l'honorable M. O. Barrot, dont le nom était alors un programme, et auquel le liait une intime communauté de vues, cimentée par une vieille amitié.

La situation qu'il s'était faite dans le monde politique le désignait pour les premiers emplois. Après le coup d'État, le Prince Président, dont il approchait depuis longtemps la personne, l'appela dans le ministère qu'il forma le 21 janvier 1852.

M. Abbatucci garda les Sceaux jusqu'à sa mort, arrivée le 9 novembre 1857.

Durant ce court intervalle de moins de six années, où il exerça le pouvoir, il s'affirma avec autorité. Tel il s'était montré jusque-là par ses discours, par ses écrits, ses résolutions, ses conseils, ses actes, tel il continua d'être. Grâce à cette concordance de l'esprit et du caractère, que j'ai déjà signalée en lui, la sagesse lui était facile et comme naturelle. Il marqua de cette empreinte les réformes nombreuses et importantes qui, par son initiative, inaugurèrent dans nos lois et surtout dans nos codes criminels, une ère de progrès, tout à l'avantage de la liberté individuelle. L'Empereur, qui connaissait son dévouement, fondé à la fois sur les traditions de sa famille et le patriotisme de ses convictions, applaudissait à ses efforts et se plaisait, par d'éclatantes marques, à lui en témoigner sa satisfaction. Le Souverain aimait à entendre la vérité de cette bouche fidèle et encourageait, par son auguste bienveillance, la loyale sincérité de son Garde des Sceaux.

Au milieu des affaires générales de l'État,

M. Abbatucci n'oubliait pas la Corse. Avec ce clair regard qui le distinguait, il vit le mal qui travaillait alors cette île; il vit le remède applicable au mal; il vit l'exacte mesure du remède. A l'époque où il entra au ministère, la situation de ce ressort était affligeante : depuis 1849, le nombre des accusés présents à la Cour d'assises, sans compter les contumax qui fournissaient au banditisme un contingent toujours accru, dépassait 200 par année, et la presque totalité étaient poursuivis pour des crimes d'assassinats ou de meurtres : à la fin du même ministère en 1857, le nombre des accusés d'attentats contre les personnes était tombé à 48.

Cette rapide décroissance était tout particulièrement due à la loi du 10 juin 1853 qui prohibe en Corse le port des armes. M. le Garde des Sceaux en avait été le promoteur. Depuis longtemps, il est vrai, la jurisprudence de la Cour de Bastia l'indiquait et la sollicitait; le Conseil général en avait exprimé le vœu, sur le remarquable rapport de M. Charles Abbatucci; M. le préfet Thuillier, de regrettable mémoire, la demandait avec toute l'énergie que cet homme de cœur fervent et d'active intelligence consacrait aux intérêts de ce département : mais si M. le Garde des Sceaux eut des éclaireurs et des auxiliaires dans cette œuvre de salut, nul ne contestera à son nom l'honneur de l'impulsion décisive. Et il sut atteindre le but sans le dépasser : en même temps qu'il provoquait l'interdiction du port des armes, il repoussait tout un appareil de lois exceptionnelles, dont le projet avait été élaboré sous l'empire d'alarmes excessives. Ni défaillance, ni exagération, c'est le propre de la force réfléchie.

Rien ne s'est fait dans ce ressort de plus efficace et de mieux réussi, que la loi de 1853. Elle est à nos yeux le premier service que M. le Garde des Sceaux pût rendre à son pays. Ce ne fut pas le seul. Disons-le, c'est à profusion qu'il répandit les bienfaits sur la Corse. Il contribua autant qu'il était en lui, et il pouvait beaucoup, à réaliser de nombreuses et importantes améliorations; il en méditait d'autres, guidé par les meilleures inspirations. Il connaissait bien le génie de ses compatriotes, science peut-être difficile, mais condition indispensable pour toucher utilement à leurs affaires. Il savait qu'un détachement sincère de toutes considérations locales ou personnelles pouvait seul lui laisser son indépendance dans l'impartialité et sa liberté dans la justice. Cette neutralité entre tous, au profit de tous, lui était conseillée par son esprit, et son caractère l'y confirmait. Les noms qu'on peut lire dans les nombreux décrets qu'il a signés disent assez combien il y fut fidèle.

Vous le savez, Messieurs, et je le sais moi-même par votre témoignage, il se sentait heureux d'avoir pour chacun un accueil bienveillant, non par une attitude de situation, mais par une franche ouverture de cœur. Le maître de la Chancellerie était prévenant, affable, toujours attentif à faire qu'on le quittât content, et sa bonté ingénieuse lui donnait un art merveilleux pour rehausser le prix d'une faveur, pour adoucir le chagrin d'un refus.

Il exerçait autour de lui et au loin, une influence éminemment conciliatrice, d'autant plus puissante qu'elle était, à la fois, un effet propre de sa nature sympathique et un résultat cherché de sa volonté. Il portait en lui la double séduction des grandes qualités et des qualités charmantes. Leur empire se déployait à Orléans, qui lui fit une patrie politique, comme en Corse, sa première patrie et toujours la plus chère; dans les assemblées législatives comme dans les conseils des ministres, dans le commerce des relations familières comme dans les plus illustres fréquentations.

Il est surtout une belle vertu dont il faut le

louer. Lui qui, dans les épreuves de sa longue vie publique, avait toujours déployé une fermeté inflexible, rencontré tant d'antagonismes, et, comme tous ceux qui ont beaucoup combattu, ressenti des amertumes et reçu des blessures, il ne se rappelait rien des irritations de la lutte. Il semblait avoir ce don de l'oubli, toujours plus favorable à notre équité, et souvent plus précieux à notre dignité et à notre repos, que le don d'une implacable mémoire. Il avait écrit sur le sable les injures de M. Abbatucci et le Garde des Sceaux n'en retrouvait même pas la trace fugitive.

Il put acquérir ainsi, par l'heureuse alliance d'un noble caractère et d'un esprit supérieur, une autorité morale, qui allait toujours croissant et qui éleva sa personnalité politique au niveau des plus hautes. On peut dire sans exagération qu'il toucha à la gloire et qu'il a légué une renommée de plus à la France. Comme homme public il a été jugé par un de ses pairs. — « Moi qui, depuis 1819, a dit M. Troplong, avais appris à le connaître dans l'étude attentive d'une étroite amitié, je ne peux mieux le caractériser à vos yeux qu'en disant que dans le ministre on trouvait toujours le magistrat, et que le magistrat avait toujours été inébranlable dans sa justice et son intégrité. » Ces paroles étaient prononcées le jour de la rentrée de M. le Procureur général Dupin à la Cour de Cassation. Peu d'années après, on entendait encore, du haut du même siége, Son Excellence M. le Premier Président rendre un hommage funèbre à la tombe de M. Dupin qui venait aussi de s'ouvrir. Les esprits furent frappés de ce spectacle, d'un magistrat tel que M. Troplong appelé, dans un si court espace de temps, à consacrer la mémoire de deux magistrats tels que M. Abbatucci et M. Dupin. Dans l'histoire de quelle autre nation rencontrerait-on un spectacle semblable?

Pour M. Abbatucci, la mort vint le frapper dans la plénitude de sa force. Il envisagea sa fin, éleva chrétiennement son âme vers Dieu, et se résigna. Il n'eut aucune révolte, aucune protestation contre ce coup prématuré. Il ne laissa s'épancher de son cœur, dans cette suprême épreuve, que les deux sentiments qui avaient rempli sa vie, le culte de la patrie, l'amour de la famille. On raconte qu'à ses derniers moments, il était tourmenté d'une soif brûlante qu'il ne pouvait ni endurer ni éteindre. On vint lui apporter une lettre affectueuse de l'Empereur qui, absent alors de Paris, s'inquiétait de sa maladie, sans en connaître cependant toute la gravité, et lui annonçait sa visite prochaine. Après avoir lu cette lettre de ses regards défaillants, « Ah ! dit-il, voilà qui désaltère. » Il expira tôt après, dans les bras de ses enfants, leur léguant, à défaut d'une opulente fortune, l'héritage accru par lui d'un nom qu'ils savent dignement porter. Ses restes reposent à Zicavo mêlés à l'héroïque poussière de ses aïeux.

Jamais main plus pure et plus noble ne tint les Sceaux de France. La perte de M. Abbatucci est de celles qu'on regrette encore après les avoir réparées. Le chef actuel de la Justice qui, lui aussi, entoure la magistrature d'une paternelle et illustre tutelle, a voulu, Messieurs, s'associer à votre deuil et à votre reconnaissance, car il a des sympathies pour toutes les bonnes inspirations : il s'est empressé de solliciter de l'Empereur le décret qui, d'après le vœu de votre délibération, a autorisé la Cour à placer dans cette salle de vos audiences solennelles le portrait de son prédécesseur. Il souffrira que ma voix se fasse ici l'interprète de notre gratitude.

Messieurs,

La vie de S. Exc. M. Abbatucci ne vous appartient pas exclusivement, la France entière la revendique; cette vie non plus n'a pas été uniquement judiciaire, la politique y occupa une notable place : celle de M. le comte Colonna d'Istria vous fut consacrée sans réserve et la magistrature la remplit sans partage. La Cour cependant a voulu inaugurer, dans la même cérémonie, l'image du Premier Président à côté de l'image du Ministre. Il y avait convenance en effet à ne pas les séparer : la pureté de leur caractère brille du même éclat, leur attachement à la justice fut le même, leur fidélité à la Famille Impériale, leur dévouement à la Corse également inaltérables, et l'estime qui les unissait l'un à l'autre rend plus séant encore leur rapprochement en ce jour. Je ne sache rien qui soit plus à la glorie de M. Colonna d'Istria, que la haute opinion que M. Abbatucci avait de sa personne : lorsqu'en 1852, la limite d'âge vint atteindre sur son siége le chef vénéré de votre compagnie, M. le Garde des Sceaux ne pouvait se résigner à lui appliquer la loi commune, et, par une exception d'autant plus flatteuse qu'elle est presque unique, il refusa pendant 18 mois d'accepter une démission que la délicatesse faisait offrir. Il voulut du moins qu'une distinction méritée accompagnât dans la retraite celui qu'il voyait avec regret se séparer de vous, et il obtint pour lui, peu de temps après, la croix de Commandeur de la légion d'honneur.

M. le Premier Président Colonna a presque toujours vécu sous les yeux de ses concitoyens, et c'est une grande marque de la solidité de ses mérites que d'avoir triomphé d'une telle épreuve. Ceux de vos compatriotes, Messieurs, dont le nom est devenu célèbre, ont généralement dû leur illustration à des services rendus hors de cette île : M. Colonna, au contraire, a acquis sa belle réputation sans sortir de la Corse et en lui consacrant tous ses travaux. Il a compté près d'un demi-siècle de magistrature ; il avait siégé 44 ans dans ce ressort, et présidé votre compagnie pendant 30 années consécutives. Cette longue durée du temps a consacré sa mémoire sous les traits vénérables de la vieillesse, et, par je ne sais quelle illusion, lui qui vivait encore hier, il semble déjà avoir vécu dans un autre âge. Une sorte de postérité précoce s'est faite pour lui ; le calme respectueux qui environne son souvenir participe bien plus du passé où tout s'apaise que du présent où tout s'agite.

Telle est du moins l'impression qui s'est éveillée en moi devant les deux monuments que ses fils lui ont élevés : on peut, en effet, étudier son esprit dans le *Recueil des Arrêts* de cette Cour, témoignage imposant de sa science et de ses veilles (1); on peut connaître sa personne en contemplant ce portrait qui décorera désormais l'enceinte de ce palais (2). Ainsi, Messieurs, votre bien-aimé Premier Président revivra tout entier parmi vous, et grâce à l'œuvre du jurisconsulte associée à celle de l'artiste, vous pourrez toujours le voir et l'entendre, tel qu'à votre tête il prononçait vos sentences. Ce double hommage rendu par des mains pieuses à un père digne de tous les regrets est un hommage aussi pour la Cour qui en sent tout le prix. Pour moi qui n'ai pas eu le bonheur de voir M. Colonna, j'admire, comme une nouveauté, la majestueuse quiétude, la dignité sereine qui se réflétait de son âme sur son visage. Si vos souvenirs ne m'attestaient la scrupuleuse ressemblance de la copie avec le modèle, je croirais volontiers que le peintre a

---

(1) *Recueil des Arrêts notables de la Cour impériale de Bastia*, par M. le comte Colonna d'Istria, fils aîné de M. le Premier Président, et M. de Gaffori, conseillers à la Cour. 3 vol. grand in 4°.

(2) Ce portrait en pied de M. le Premier Président est dû, comme celui de M. Abbatucci, à l'habile pinceau de M. Pierre Colonna d'Istria, second fils de M. le Premier Président. Ces deux ouvrages éminents ont figuré aux expositions générales de peinture à Paris.

voulu mêler la fiction à la réalité et reproduire dans un magistrat contemporain l'idéal qu'on se fait des magistrats de l'ancien temps. Mais ce portrait ressemble, car la vérité est la loi suprême de l'art.

La vérité, Messieurs, est la loi suprême de tout. M. le Premier Président Colonna consacra sa vie à la chercher, à la montrer, à la défendre. Il l'aimait trop pour qu'il soit permis d'y déroger en parlant de lui. Placé que je suis en ce moment devant ses yeux, pour ainsi dire, je craindrais de l'outrager si je le représentais avec les couleurs vulgaires de l'exagération ou de la flatterie. Je voudrais qu'il me fût donné, à mon tour, d'en faire un portrait simplement fidèle ; mais je sens mon impuissance : si vous ne l'aviez pas si bien connu, vous seriez moins exigeants et ma tâche serait plus facile. D'ailleurs, un juste tribut d'éloges, auquel vous avez donné vos suffrages, a déjà été, à cette même place, payé à sa mémoire. (1)

M. Colonna d'Istria fut appelé en 1805 à diriger le Parquet d'Ajaccio ; en 1811, il fut

---

(1) *Éloge de M. le comte Colonna d'Istria* ; discours de rentrée prononcé par M. l'Avocat Général de Casabianca, 3 novembre 1859.

nommé Avocat général à la Cour impériale de la Corse, et quelques mois après Procureur Général au même siége. Il n'avait pas encore 30 ans. Ce n'est pas, Messieurs, que j'entende lui faire un mérite extraordinaire de ces promotions rapides. Les avenues de la carrière n'étaient pas assiégées à cette époque et la précocité de l'âge était encore une tradition suivie de l'ancienne magistrature. Je dirai donc seulement que M. le Procureur Général Colonna avait à porter, jeune encore, un pesant fardeau.

Aux difficultés judiciaires ne tardèrent pas à se joindre pour lui les embarras politiques. En 1814, lorsque le sol français fut envahi par l'étranger, le général Montrésor, débarqué en Corse avec des troupes anglaises, se mit en possession du pays et ordonna que la justice serait rendue au nom de Georges III, roi de la Grande Bretagne. La Cour ne se soumit pas à cette injonction. Elle déclara, par une délibération prise sur les réquisitions de son Procureur Général « qu'elle ne saurait, sans trahir son honneur et ses devoirs, rendre la justice qu'au nom de Louis XVIII, roi des Français. »

La Cour était alors présidée par M. de Castelli, homme énergique, savant jurisconsulte, entouré d'un légitime renom d'intégrité, d'indépendance et de lumières. Son origine comme magistrat lui inspirait peu de sympathies pour la domination anglaise. Lors, en effet, que cette Cour impériale fut établie en 1811, Napoléon, qui avait connu M. de Castelli dans sa jeunesse, se rappela ses mérites et leur amitié. Ne voyant pas figurer son nom sur la liste des candidats que le Grand-Juge lui présentait pour la Première Présidence de la nouvelle Cour — « Comment, dit-il, est-ce que Castelli est mort? — Non, Sire. — En ce cas, je le nomme. »

Le Premier Président seconda dans cette circonstance le Procureur Général, et la Cour, à leur exemple, fut unanime pour repousser des exigences anti-nationales.

Les Anglais évacuèrent tôt après le territoire de la Corse; mais ils n'emportèrent pas avec eux les dissensions intestines qui travaillaient le pays et fomentaient sur tous les points de l'île un banditisme effroyable. Près de 500 malfaiteurs, insurgés contre la justice, bravaient son autorité, revisaient ses arrêts par la terreur ou les frappaient d'interdit. M. Colonna lutta pendant sept ans contre ce fléau. En 1818, il fut nommé Président de Chambre à la Cour royale de Nimes. Il put regretter de voir ainsi interrompre sa carrière dans les parquets. Et cependant, il venait d'être placé dans sa véritable voie : c'est à dater de son entrée dans la magistrature assise, en effet, qu'il déploya ces rares qualités qui lui ont valu une si belle renommée. Sa supériorité, qui ne tarda pas à éclater dans ses nouvelles fonctions, le porta en 1823 à la Première Présidence de la Cour de Bastia.

Il était là sur son domaine et il y régna 30 ans par le prestige de la vertu, de la science et des talents. S'il n'avait montré que les qualités indispensables dans cette haute position, on pourrait le louer encore de les avoir possédées; mais les souvenirs de sa Première Présidence se rehaussent de services exceptionnels, dont il convient que la magistrature de la Corse et la Corse entière lui soient toujours reconnaissantes.

Je généraliserai ces services dans les trois aperçus qui suivent.

Il fut, pour la jurisprudence civile, dans ce ressort, ce que l'illustre Merlin avait été pour la jurisprudence générale de la France, un intermédiaire entre le droit ancien et le droit nouveau. La Corse soumise tantôt à la législation de Gênes, tantôt à son propre droit coutumier, tantôt aux statuts de Paoli, n'avait ni la pratique ni le sentiment des Codes Français. Ces codes mêmes devenaient, par leur uniformité, d'une application difficile dans un pays où la nature du sol comme les habitudes des justiciables présentaient, à quelques kilomètres de distance, de notables oppositions. Il s'agissait de rendre possible la transition de la diversité à l'unité de lois, de ménager les mœurs, de rapprocher, de concilier, et l'on peut voir par le *Recueil des Arrêts* de la Cour, pour la période de 1823 à 1853, les ressources infinies mises en usage pour amener cet heureux résultat. A mon sens, ce fut là une des œuvres capitales de M. le Premier Président.

En second lieu, Messieurs, votre Cour impériale, créée en 1811, n'avait pas de fortes traditions, parce qu'elle n'avait pu recueillir, comme la plupart des autres Cours de l'Empire, l'héritage d'un antique parlement. Ces traditions qui lui manquaient, M. le Comte Colonna travailla à les lui donner. Il était éminemment propre à cette mission. La longue durée de sa magistrature, son éloignement des nouveautés, son amour de l'exactitude, sa répugnance déclarée pour la brigue, son zèle laborieux, le culte de son état, et jusqu'à l'imposante dignité empreinte en sa personne, tout concourait à assurer une haute autorité à ses exemples. Il vit le personnel de cette compagnie se renouveler tout entier autour de lui, il lui communiqua son esprit, et je crois pouvoir dire avec votre assentiment, Messieurs, que, par l'heureuse influence qu'il exerça sur ses collègues, par le sentiment du devoir qu'il inspira aux auxiliaires de la justice, il fit beaucoup pour fonder moralement la Cour de Bastia.

Enfin, il contribua puissamment à donner l'essor au Barreau. Il savait de quelle importance est dans ce pays la profession d'avocat, première vocation des jeunes gens de famille corses, gage de leur avenir, espoir de la magistrature locale qui se recrute dans leurs rangs. Il aimait l'audience. Lui qui, grâce à une étonnante sagacité que j'ai mille fois ouï vanter parmi vous, Messieurs, devinait dès les premiers mots toute une affaire, il se complaisait à l'entendre discuter, il souffrait que le conseil plaidât largement pour le juge, dût-il parfois plaider aussi un peu pour lui-même ou pour son client assis à ses côtés. A celui qui gagnait son procès, il voulait en laisser le mérite; à celui qui le devait perdre, il ne refusait pas la consolation de l'avoir au moins défendu à sa manière. Son expérience lui avait d'ailleurs appris que, de toutes les conditions dont la rencontre est nécessaire pour faire un bon discours, la première est un auditoire sympathique. Sa bienveillance lui donnait le droit de reprendre, il avertissait en encourageant ; et son exemple salutaire, propagé de la Première Chambre dans les divers tribunaux du ressort, y avait excité une émulation qui ne fut pas stérile. Combien d'entre vous, Messieurs, se rappellent toujours avec gratitude avoir milité sous ses paternels auspices ! Étendez par la pensée ce sentiment à tous ceux qui doivent l'éprouver au même titre, et vous aurez la mesure de l'action exercée par M. le Premier Président Colonna.

Il voulut se consacrer tout entier à sa mission judiciaire et consacrer sa mission tout entière à la Corse : dans ce but, il déclina l'honneur d'occuper un siége à la Cour de Cassation et à la Chambre des Pairs.

Comme une légitime récompense de l'œuvre qu'il avait entreprise, il eut le bonheur de la voir confiée après lui à un digne héritier. M. Calmètes la poursuivit avec succès sous le triple aspect que j'ai indiqué : par un profond savoir qui perfectionnait votre jurisprudence (1), par

---

(1) Les Arrêts rendus sous la première présidence de M. Calmètes font suite, dans le *Recueil* mentionné plus haut, à ceux qui datent de la première présidence de M. le Comte Colonna.

l'établissement d'un Règlement qui devait être le dépôt de vos traditions, par la part importante qu'il savait faire à l'ordre des Avocats dans l'administration de la justice civile, il marcha avec honneur pour lui, avec profit pour tous, dans les voies ouvertes par M. le Comte Colonna.

Mais ce dernier doit seul m'occuper; et ce n'est pas sans effort et sans regret que je m'interdis le plaisir de payer, dans cette solennité, un respectueux tribut d'hommages à son second successeur, qui vient de nous parler avec tant d'autorité, et qui m'écoute en ce moment, avec une bonté à laquelle je le remercie de m'avoir depuis longtemps accoutumé.

M. le Comte Colonna fut, sans contredit, un Premier Président de la grande école, je ne dirai pas de la vieille école, car il me paraît peu équitable de vanter la magistrature d'autrefois aux dépens de celle d'aujourd'hui; et cependant il avait, par de certains côtés, des affinités irrécusables avec le passé. Il y tenait par son origine, par ses racines, en quelque sorte, étant né d'une famille noble et ancienne. Il goûtait peu les changements en politique comme en législation. Il voulait attendre qu'une innovation eût réussi pour l'appeler un progrès. Il pensait que pour le magistrat, l'attachement à la règle, à l'ordre suivi, à la durée, sied mieux que la curiosité des nouveautés et des aventures.

Il avait vu se dérouler autour de lui le cercle complet des révolutions possibles, depuis son enfance qui s'était écoulée sous l'antique royauté jusqu'à sa vieillesse qui saluait le retour de l'Empire ; de sorte que sa vie, commencée sous la légitimité par le roi, s'achevait sous la légitimité par le peuple. Ce témoin de tant de changements, auxquels il attachait une signification providentielle, bénissait Dieu de faire enfin reposer la France sous le sceptre tutélaire de Napoléon III. Le sentiment religieux des choses humaines, l'habitude de la pensée et des bonnes pensées, le respect qu'il avait de soi-même et des autres, la dignité qui se réflétait en lui du dedans au dehors, donnaient à sa personne un grand air de gravité ; mais ce n'était pas cette gravité qui, comme le veut La Rochefoucault, est un mystère du corps inventé pour cacher les défauts de l'esprit ; elle était naturelle dans sa noblesse : l'extérieur de M. le Premier Président n'était que l'image de son âme. Aujourd'hui, c'est encore avec ces traits vénérables et imposants qu'il nous apparait : la majesté de l'âge et de la vertu a fixé la forme définitive du souvenir qu'il nous laisse.

Ensuite, M. le Procureur général a requis qu'il plût à la Cour ordonner et déclarer la reprise immédiate de ses travaux ordinaires; et admettre les avocats présents à la barre à renouveler le serment professionnel qui leur est imposé par la loi.

Après avoir pris l'avis de la Cour, M. le Premier Président a prononcé l'arrêt suivant :

« La Cour,

» Déclare reprendre ses travaux,

» Et dit que ses audiences auront
» lieu aux jours et heures accoutumés.

Et sur l'invitation de M. le Premier Président, le Greffier en chef a donné lecture de la formule du serment des avocats;

Ceux-ci appelés successivement ont dit : « Je le jure. »

Aucune autre réquisition n'ayant été faite par M. le Procureur général, M. le Premier Président a déclaré que la séance était levée.

Le Premier Président,
Signé : GERMANES.

Le Greffier en chef,
Signé : BETTOLACCE.

www.ingramcontent.com/pod-product-compliance
Ingram Content Group UK Ltd.
Pitfield, Milton Keynes, MK11 3LW, UK
UKHW022141190726
13855UKWH00003B/1274

9 782013 432023